Rotznasen

Rotznasen

Das fröhliche Bilderbuch
für
geplagte Eltern

Herausgegeben
von
Rosemarie Lauer

Eichborn Verlag

CIP-Titelaufnahme der Deutschen Bibliothek

Rotznasen, Das fröhliche Bilderbuch für geplagte Eltern/Rosemarie Lauer (Hsg.).-Frankfurt am Main: Eichborn, 1991
ISBN 3-8218-2119-1

Umschlaggestaltung: Uwe Gruhle unter Verwendung einer Zeichnung von Stano Kochan.
Gesamtherstellung: Druckerei Ernst Uhl, Radolfzell.
ISBN 3-8218-2119-1.
Verlagsverzeichnis schickt gern:
Eichborn Verlag, Hanauer Landstraße 175, D-6000 Frankfurt 1.

CLAIRE BRETECHER

DIE STIMME DES BLUTES

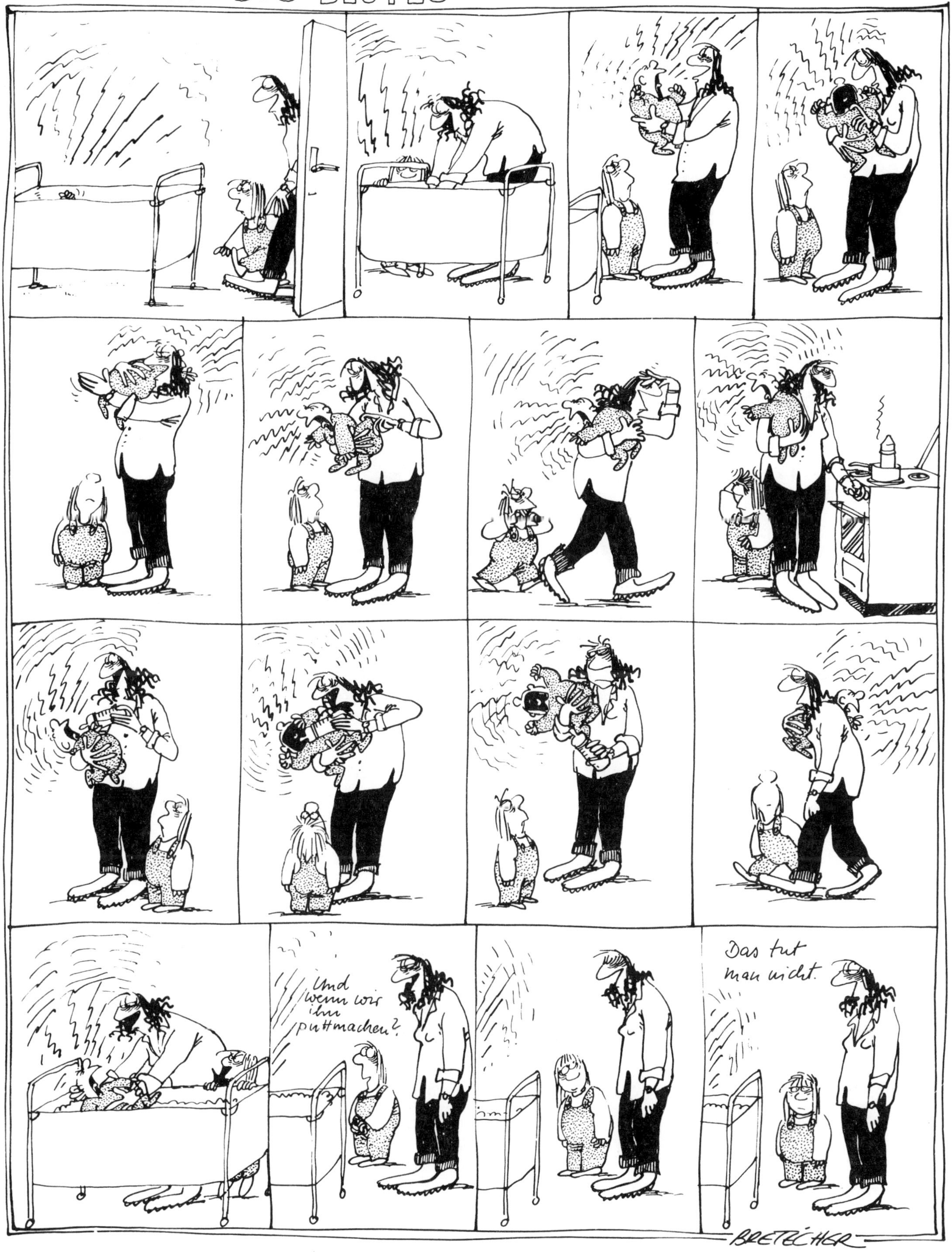

Lieber, guter Nikolaus,
warum hängt dir
die Rute raus?

Der Nikolaus,
du freche Nase,
hat einen Druck
auf seiner Blase!
Hutw

Verpiß Dich!!

„Und Sie sind sicher,
daß sich der Junge
später völlig normal
entwickelt? – ich
meine wie Sie oder ich?"

MEIN JUNGE KRIEGT NUR KALBFLEISCH. DAMIT GEDEIHT ER PRÄCHTIG, IST IMMER SCHÖN RUHIG UND BEKOMMT KEINE ERKÄLTUNGEN MEHR!
HOGLI

PETER BUTSCHKOW / GERD BAUER

DIETER HUTHMACHER

Babies
W. MOERS 86
Wenn ich das Wort schon höre...!!! "Beebies"...
"Was soll das Theater um diese Kleinen Affen?"
Mein Sohn...
"...Babies sind fett..."
"...faul..."
...Schnarch...
"...und dämlich..."
DOMESTOS
"...Sie scheissen in die Hosen..."
Ga...

"... Und sabbern überall hin..."
Sprötz...
"...Babies saufen heimlich..."
"... warum sollten sie sonst immer brabbeln wie die Besoffenen"!
Bablaguglubräfz frrnzlbrmffzz...
"...und dauernd auf die Schnauze fallen?..."
Paf!
" Babies halten nichts aus... ...überall liegen sie blöd 'rum, aber..."
Bulu...
"...wenn man mal auf sie drauf tritt, schreien sie wie am Spiess..."
Wäää

Naja... das alles ginge ja noch in Ordnung...
Aber eins lass ich diesen **Kleinen Bastarden** nicht durchgehen...
... daß aus ihnen nachher auch noch diese **grossen Bastarde** werden, die überall 'rumlaufen...

Habt ihr hier geraucht?
Nein. Wir vermuten, daß das ungesund ist.

STEFAN SIEGERT

STEFAN SIEGERT

MARINO DEGANO

ERICH RAUSCHENBACH

KARLI WILL SCHUHE PUTZEN!
TOLL!
KARLI FEIN GEMACHT!!
DA WIRD SICH MUTTI ABER FREUEN!!
HOGLI

GERD BAUER/BARBARA HÖMBERG

SCHÖNEN TAG NOCH, UND BIS HEUTE ABEND, SCHATZ!
BUTSCHKOW

MOZART WAR EIN GANZ GROSSER KÜNSTLER!
1
ABER ER IST SCHON LANGE, LANGE TOT...
2
HAT WUNDER= BARE MUSIK KOMPONIERT!
3
GANZ GROSSE KUNSTWERKE HAT ER GESCHAFFEN!
4
5
UND TARZAN, PAPPA?
6

MARIE MARCKS

CLAIRE BRETECHER

OMA HAT 'S SATT

BURKHARD FRITSCHE

Wunderkinder !

PETER GAYMANN

Schön und gut, aber gescheiter wirst du davon auch nicht!

ICH FÜRCHTE MICH VORM ALTWERDEN!
DAVOR FÜRCHTET MAN SICH DOCH NICHT!
UND OB MAN SICH DAVOR FÜRCHTET! WER MÖCHTE SCHON GERN NEUN JAHRE ALT SEIN?!

JÜRGEN MÖLLER/BARBARA HÖMBERG

Mutter! Laß mich dein Pirat sein, auf allen sieben Meeren
Scheiß ödipale Phase!
SODTKE

Schon mit Fünfeinhalb wußte sie genau, was sie <u>nicht</u> wollte.

Schon am Frühstückstisch wehte ein rauhes Lüftchen.

ICH FINDE DEIN BENEHMEN UNSEREN FREUNDEN GEGENÜBER IM AUGENBLICK GANZ SCHÖN UNERTRÄGLICH!
NICHTS PASST DIR MEHR UND JEDES ZWEITE WORT IST NEUERDINGS „BESCHISSEN"!
IST DIR DAS DENN NICHT SELBER PEINLICH?
DAS MÜSSTE DIR DOCH VIEL PEINLICHER SEIN ALS MIR!
IST DOCH SCHLIESSLICH DEINE ERZIEHUNG!

Der mißratene Sohn
Nein!
Wie bitte?
Ich sagte: nein! Fang dir deine Würmer gefälligst endlich selbst! Du bist alt genug!!
Aber ich kann nicht!! Ich hatte diese Nacht wieder diesen schrecklichen Traum: Ich fliege über ein Meer aus kochender Lava! Plötzlich kann ich meine Flügel nicht mehr bewegen! Ich bin wie gelähmt! Ich stürze! Ich stürze immer tiefer und...
Ja ja, schon gut, den kenn' ich auswendig! Hast Du denn keinen Ehrgeiz im Leib? Deine Brüder haben schon alle eine Familie gegründet und ein eigenes Nest gebaut!
Du weißt genau, daß das bei mir nicht geht! Ich bin schwul!
Stimmt! Das ja auch noch! Hatte ich beinahe vergessen!

Aber einen Wurm wirst du ja wohl noch fangen können! Los, schwirr ab!!
He!
Ach du Scheiße!
Muß ich wirklich..?
Ja!!
Booh...
Es klappt nicht...
Ich bin zu fett!
W. MOERS

Iiii! Die Windel ist schon wieder voll.
...aber ruck zuck – alles tip top!

ICH WILL HIER RAUS!

SEI STILL UND SETZ DICH ANSTÄNDIG HIN, DU FLEGEL!

GERD BAUER

HERBERTCHEN - FRÜHSTÜCK !!
FORTSETZUNG V. SEITE 1:
FURCHTBAR! FRAU QUÄLT KIND!!!

„MÜSLI! MÜSLI! MÜSLI! - BLÖDES, BLÖDES PIPI-KACKAMÜSLI !!"

PAPAN

Was macht ihr ?
Ah, äh, wißt ihr, Mammi und Papi haben sich sehr lieb...
Genau
Und wir haben uns sehr sehr sehr lieb !!!

CLAIRE BRETECHER

WIE ICH MEIN KIND ERZIEHE

BARBARA HÖMBERG

EBERHARD HOLZ

»Sei schön brav, Mama kommt bald wieder!«

»Also, Opa können wir nicht mehr auf Dieter aufpassen lassen!«

EBERHARD HOLZ/FRANS DE BOER

»Hör endlich auf ›einen großen Fisch gefangen‹.
Tu ihn in den Korb zu den anderen, und laß mich endlich in Ruhe.«

»Wie oft soll ich dir noch sagen, nichts von fremden Männern anzunehmen!«

CLAIRE BRETECHER

CORINNE

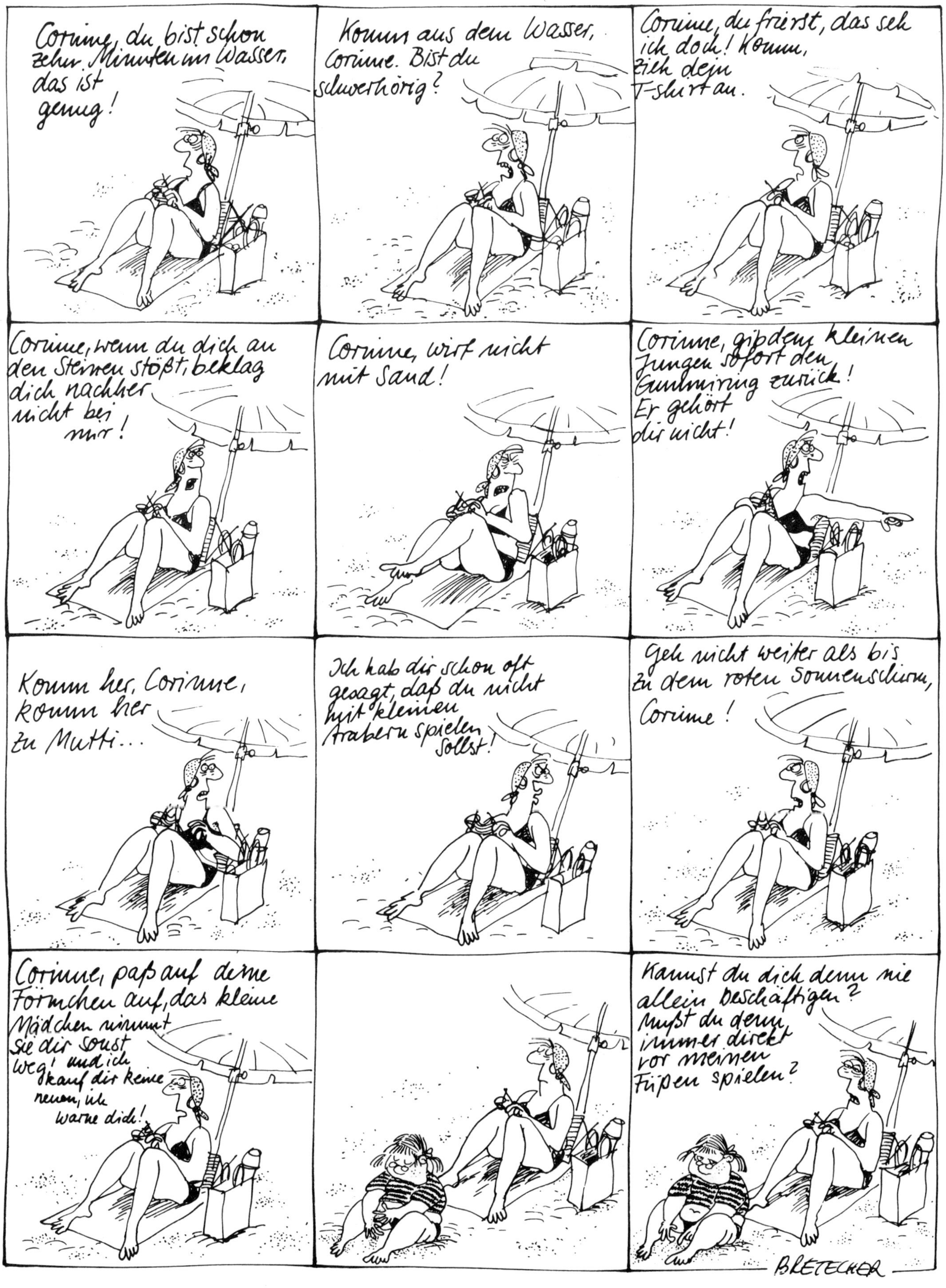

VOM HIMMEL HOCH DA KOMM ICH HER...
TUT MIR LEID, ICH BIN ATHEIST!
P. GAY

HOFFENTLICH HEIRATET SIE NICHT EINES TAGES SO'N BLÖDEN TYPEN!
ICH HEIRATE NUR EINEN, DER SO IST WIE PAPA!!

PEANUTS
by SCHULZ
12-29
Tm. Reg. U. S. Pat Off.—All rights reserved Copr. 1963 by United Feature Syndicate, Inc.
ICH VERMUTE, SIE ALLE FRAGEN SICH, WARUM ICH SIE HEUTE HERGEBETEN HABE...
SCHULZ

PEANUTS
by SCHULZ
WAFF!
WAFF! WAFF! WAFF! WAFF! WAFF!
WAFF!
6-2
WAFF! WAFF! WAFF! WAFF! WAFF!
WAFF! WAFF! WAFF! WAFF! WAFF! WAFF! WAFF!
Tm. Reg. U. S. Pat Off.—All rights reserved Copr. 1963 by United Feature Syndicate, Inc.
MIST! DAS BRINGT MICH IMMER TOTAL AUS DER FASSUNG!
SCHULZ

Kleines Arschloch
Video-Kabinen
FICK
SAU
Sperm
Arsch
Blas
MÖSE
Mahlzeit!
Bilimm! Bilimm!
Ein Pfund Fickhefte, bitte!
Hör mal, Kleiner... für sowas bist du ja wohl noch ein bißchen jung, gell..?!
Ich kann schon wichsen, wenn sie das meinen...
Haha... nein, ich meine, wir dürfen keine Hefte an Jugendliche unter 18 Jah...
He! Leg' das wieder hin!!
Aber sowas dürfen sie verkaufen..?
Wo Frauen Würste in den Po gesteckt kriegen..?
Pfui Deibel...
SALAMI FOTZEN
Leg' das sofort wieder hin!!
Schon gut...
Ich will ja nur normale Fickhefte...
Ohne Würstchen...
Wo sind denn hier die normalen Fickhefte?
Oder gibt's hier nur so Säuereien..?
Du machst jetzt mal ganz fix, daß du hier rauskommst!
Sonst versohl' ich dir deinen Arsch!

Ach, stehen sie auf sowas?
Kleine Jungsärsche verhauen?
Darüber liesse sich reden...
Jetzt langt's aber!!!
Lass dich hier ja nicht wieder blicken, du kleines Arschloch!!
Aua, aua! Hilfe!!
INTIM BASAR
He! Lassen sie den Jungen in Ruhe!! Sie tun ihm ja weh!
Was geht sie das denn an?!
Pornos verkaufen und Kinder schlagen, das paßt zusammen!!
Jetzt platzt mir aber der Kragen!!!
Watsch!
Dreckschlampe!!
Paf!
Boh, geil...
Besser als wichsen...
W. MOERS

WERNER NYDEGGER

ERICH RAUSCHENBACH

PAPA, WENN ICH MAL GROSS BIN, MÖCHT' ICH SO WIE MAMA SEIN!
JETZT QUENGEL NICHT SO, OLIVER!
BUTSCHKOW

GERD BAUER/STANO KOCHAN

DAS SCHÄUFELCHEN GEHÖRT UNS!!
DAFÜR HABEN SIE UNSER EIMERCHEN!

GLAUBST DU WIR KÖNNEN LANGSAM SCHLUSSMACHEN, PETER? DANN SCHAFFTS PAPI VIELLEICHT NOCH GRADE SO ZU SEINER SELBSTERFAHRUNGS-GRUPPE.- WAS MEINST DU, HM-..?

PETER GAYMANN/EBERHARD HOLZ

»Jessas, Jessas, schaun die aber schon leistungsorientiert aus!«

Ja, woisadenn?
lie

lie

Wenn ich Ihnen einen persönlichen Rat geben darf, Frau Lipinski: Lassen Sie mal kräftig die Sau raus!

FÜR MICH HAST DU GAR KEINE ZEIT MEHR!
DIE KLEINE BRAUCHT JETZT EBEN VIEL AUFMERKSAMKEIT!
WENN DU SIE AUCH VERSORGEN WÜRDEST, HÄTTE ICH MEHR ZEIT FÜR DICH!!
NA, GUT...
...DANN GEH' ICH EBEN ALLEIN INS KINO!!
HOGLI

HEINZ LANGER/GARY LARSON

Ich hab ihm den ganzen Tag Würmer reingestopft-
und es hat immer noch Hunger

KINDERSPIELE

ERNST VOLLAND

Psst Papa, es geht wieder.
Brizzel
Vorsicht Kinder

HIMMLISCH, DIESE EINSAME BUCHT!
KEINE MENSCHENMASSEN, KEIN RUMMEL, KEINE SURFER, KEIN KRACH, KEIN MOTORGESTANK, NUR ABSOLUTE RUHE – DAS NENNE ICH ERHOLUNG!
WIE LANGE MÜSSEN WIR UNS DENN NOCH ERHOLEN?

MATTHIAS SODTKE

... irgendwie wächst mir der Kleine langsam über den Kopf.

Verzeichnis der Zeichner / Innen und Quellen

Renate Alf aus: „Vielleicht sollte ich die Ohren mal nach hinten tragen..", tréves cartoon, © 1989 edition tréves , Trier

Gerd Bauer Originalbeiträge und aus: „Wüste Welt", Eichborn Verlag, Frankfurt, 1985, „Im Taumel der Triebe", Eichborn Verlag, Frankfurt, 1986 und aus: „Au Backe", Eichborn Verlag, Frankfurt, 1989, © beim Zeichner

Frans de Boer aus: „Familienbande", Rosenheimer Verlagshaus, Rosenheim, 1986, © beim Zeichner

Claire Bretécher aus: „Die Frustrierten" 1, © 1978, Rowohlt Verlag, Rheinbek bei Hamburg und aus „Die Frustrierten" 4, © 1980, Rowohlt Verlag, Reinbek bei Hamburg

Michel Bridenne aus: „More Spring Fever", Angus & Robertson publishers, © 1985, Editions J. Glénat, Grenoble

Peter Butschkow aus: „Matscho", Fischer Tagebuch Verlag, Frankfurt, 1987, „Mamas und Papas", Fischer Tagebuch Verlag, Frankfurt, 1988 und „Wenn Männer ihre Tage haben", Elefanten Press Verlag, Berlin, 1987, © beim Zeichner

Kai Czucha aus: „Fliegende Piranhas", Semmel Verlag, Kiel, 1986, © beim Zeichner

Marino Degano aus: „Feuer frei", © 1986, Editions J. Glénat, Grenoble

Burkhard Fritsche aus „Meisterhaft", Semmel Verlag, Oldenburg, 1986, © beim Zeichner

Peter Gaymann aus: „Cartoon-Caricature-Contor 4'82, 7'82, 11'82, München, © beim Zeichner und Fackelträger Verlag, Hannover

Amelie Glienke (Hogli) Originalbeiträge und aus: „Du läßt Dich gehn", Eichborn Verlag, Frankfurt, 1989, © bei der Zeichnerin

Barbara Hömberg aus: „Damit wird Mann leben müssen", © 1989, Lappan Verlag, Oldenburg

Eberhard Holz aus: „Heitere Federstriche", Heyne Verlag, München, 1980, © beim Zeichner

Dieter Huthmacher aus: „Ein Steinbock allein auf einer einsamen Insel", Eichborn Verlag, Frankfurt, 1982, © beim Zeichner

Stano Kochan aus: „Das fröhliche Klassenhasserbuch", Eichborn Verlag, 1985, © beim Zeichner

Heinz Langer aus: „Langers Landleben", Heinrich Hugendubel Verlag, München, © beim Zeichner

Gary Larson aus: „The far side", © 1982, Andrews, McMeel & Partner, Kansas

Erik Liebermann Cartoons, Heyne Verlag, München, 1980, © beim Zeichner

Marie Marcks aus: „Darf ich zwischen euch?", © 1982, Diogenes Verlag, Zürich

Jürgen Möller Originalbeiträge und aus: „Hals und Beinbruch", Eichborn Verlag, Frankfurt, 1988. „Neues Bad Eilsen", Comix & Cartoon Reihe Band 5, Herausgegeben von Ernst Volland, © beim Zeichner

Walter Moers aus: „Schweinewelt", Eichborn Verlag, Frankfurt, 1987, und aus: „Von ganzem Herzen", Eichborn Verlag, Frankfurt, 1989, © beim Zeichner

Werner Nydegger aus: „Nett, sie zu sehen", Lappan Verlag, Oldenburg, 1985, © beim Zeichner

Papan aus: „Das kann doch nicht wahr sein", Deutscher Taschenbuch Verlag, München, 1984, © beim Zeichner

Erich Rauschenbach aus: „Wo kann man denn hier pinkeln", Eichborn Verlag, Frankfurt, 1984 und „Alle Väter nerven", Eichborn Verlag, Frankfurt, 1988, © beim Zeichner

Charles M. Schulz aus: „Diese kleinen Schwestern", © 1970, Carlsen Verlag, Reinbek bei Hamburg und „Nur der Nase nach, S. Fischer Verlag, Frankfurt, 1985, © PIB-Copenhagen, k/s presse-illustrations-bureau

Sempé aus: „Wie sag ich's meinen Kindern", © 1982, Diogenes Verlag, Zürich

Stefan Siegert aus: „Wenn Männer ihre Tage haben", Elefanten Press Verlag, Berlin 1988, © beim Zeichner

Matthias Sodtke aus: „Ja leck mich doch am Arsch! Is das nicht meine Benimmlehrerin?", © 1989, Lappan Verlag, Oldenburg

Ernst Volland aus: „Du bist schuld", Verlag am Galgenberg, Hamburg, 1987, © beim Zeichner